이대로가 좋다

박선하 시집

이대로가 좋다

초판 1쇄 2016년 8월 1일

지은이 박선하
발행인 김재홍
편집장 김옥경
디자인 박상아, 이슬기
마케팅 이연실

발행처 도서출판 지식공감
브랜드 문학공감
등록번호 제396-2012-000018호
주소 경기도 고양시 일산동구 견달산로225번길 112
전화 02-3141-2700
팩스 02-322-3089
홈페이지 www.bookdaum.com

가격 10,000원
ISBN 979-11-5622-201-9 03810

CIP제어번호 CIP2016017510
이 도서의 국립중앙도서관 출판도서목록(CIP)은 서지정보유통지원시스템 홈페이지(http://seoji.nl.go.kr)와 국가자료공동목록시스템(http://www.nl.go.kr/kolisnet)에서 이용하실 수 있습니다.

문학공감은 도서출판 지식공감의 인문교양 단행본 브랜드입니다.

이대로가 좋다

박선하 시집

문학공감

서문

개구리 언덕에 뛰어내리듯

띠오르는 시상詩想을 붙들고 몇 시간을 끙끙대며 나름대로 시어를 다듬고, 형식을 갖추어 쓴 시도 다음날 다시 읽어보면 의미 없는 시어들의 나열에 불과한 잡문雜文일 뿐이고, 수백 편의 시를 쓰도 그 중에 한편의 좋은 시 얻기는 수백 점의 도자기를 구워도 한점의 명품 도자기 얻기 어려운 것과 매한 가지이다.

더욱이 이제 시의 세계에 갓 입문한 초보 시인이 선뜻 시집을 발간하는 것은 여간 조심스러운 일이 아니다. 아직도 습작의 수준에서 벗어나지 못한 시時들이지만 수십 번 퇴고推敲하고 만지작거리다 자의 반, 타의 반으로 개구리 언덕에 뛰어내리는 심정으로 출간하게 되었다.

계속 시작詩作에 정진精進하여 반석盤石 같은 정靜의 상태에 가까이 다가가고, 몰입沒入의 기쁨과 인고忍苦의 아픔을 함께 용해溶解시켜 언제나 평상심平常心을 유지할 수 있었으면 더할 나위 없겠다.

2016년 盛夏 수리산 자락

박선하

차례

제1부

제2부

제3부

제1부

건축가 까치

까치는 설계도 없이
집 짓는 탁월한 건축가
바람 가장 거센 날 택하여
주둥이로 물어온 나뭇가지
얼기설기 엮어서
요새 같은 둥지 만들고
포근한 풀잎 깔아
아늑한 새끼 침실 꾸민다
창틀 흔든 광풍에
까치집 날려갔나 걱정되어
비 갠 아침 바라보니
그 모습 그대로이고
새끼들 먹이 물어 나르는
어미 까치 날갯짓 소리
뒤뜰에 울려 퍼진다.

고삐 풀려

산후 조리로 딸네 집 간
아내 자리 수리산 같고
냉기 감도는 거실
산사山寺의 참선방參禪房인 양
적막감 드리우네

삼시세끼 챙겨주던
아내 없으니
더운밥 손수 짓고
보글보글 찌개 끓여
배꼽시계 맞춰 식사해도
투정妬情 섞인 잔소리 듣지 않아
마음속 편하기도 하네

아내의 울타리 벗어난
고삐 풀린 상상의 나래
천계天界를 넘나드니
한껏 시심詩心에 젖어
두보杜甫의 사랑채 드나들다
새벽녘 잠자리 찾아드네.

구원의 손길

포화[砲火] 속에서도
탄생의 고고지성[呱呱之聲]
징소리 울리듯
전선[戰線]으로 퍼져나가
흙빛 병사 얼굴
미소 짓게 하고

산골 폐가[廢家] 마당
패랭이꽃
때맞춰 피어나
산길 홀로 가는 나그네
지친 몸 쉬어가게 하네

삶의 종착역 난지도[蘭芝島]
노을 캠핑장 들어서
쓰레기 하치장[荷置場] 간데없고
더 넓은 푸른 잔디밭
웃음소리 넘쳐나니

어둠의 늪 빠져
헤어나지 못하는 오늘
끝나지 않을 것 같아도
내일이면
구원救援의 손길 찾아오리.

관계의 두 얼굴

관계의 표정
변덕스런 날씨처럼
구름 없이 해맑다가
일시에 짙은 어둠
암막 친 듯 드리워진다

관계의 모습
조잘대는 개울물처럼
정겨움 넘쳐나다가
올가미 되어 사지 옥죄고
단절의 벽 쌓는다

관계의 맺음
시지프스의 굴레처럼
생의 벼랑까지 발목 잡지만
봄날 아지랑이처럼
잠시 머물다 사라진다.

느티나무의 절규

산촌마을 살다
아파트 화단으로 이사 온
아름드리 느티나무
잔뿌리 길게 뻗고
사열관처럼 당당하고 싶어도
콘크리트 바닥 냉기
가지마다 스며드니
잎사귀 누렇게 변하고
병색 짙어 수액주사 맞네
살얼음 낀 독방 벗어나
다리 뻗고 잘 수 있는
산촌마을 다시 가고파도
지팡이 짚기도 힘겨운 느티나무
웅크리고 앉아 절규하네.

돌담

해풍에 닳고 닳아
둥그러진 젖가슴
풀어헤친 오름 자락
조랑말 풀 뜯는 언덕배기마다
인위의 흔적 묻혀버린 돌담
어깨동무하고 있네

돌 틈 바람길 따라
태풍 지나가니
생긴 모양대로 쌓은 돌담
숯검정 얼굴에
마마자국 남았어도
수문장守門將 늠름한 기상氣像
꺾이지 않네

키 작은 돌담길 걷다보니
잊힌 정든 모습
모퉁이 어귀에서
웃음 짓고 다가설 듯하여
저편 돌담길로 잦은 눈길 가네.

기회

풍물패 춤사위에
넋 나간 구경꾼
선뜻 보지 못해도
담장 모퉁이 기대선
얼굴가린 기회機會
보일 듯 말 듯 손짓하네

막차 떠난 산골 간이역
오가지 못하고 발묶여
대합실 의자 기대
새우잠 청하노니
여명黎明의 첫차 기적 울리네

풀씨 되어 흩어진 기회
주워 남을 수 없으나
언 땅 녹은 자리
매화 향기 그윽한 날 오기에
화로 속 불씨 다독거리네.

숲이 없는 마을

숲이 없는 마을은
계절의 변화
고장 난 시계처럼
멈춘지 오래고
핏기없는 겨울만이
푸른 띠 휘감고 있다
콩나물시루처럼
빼곡히 들어선 빌라촌
실개천 흐른 자취 사라지고
콘크리트 무게 짓눌린
잿빛 울음 커져간다
굳게 닫힌 창만큼이나
마음의 창 닫혀
인정 메마른 마을
날밤 새워 골목길 지키는
CCTV 쓴웃음 짓고 있다.

길 떠나는 여름

가을비
흠씬 젖은 여름
처마 밑 담장 기대
벌 받는 아이처럼
기죽어 서있다

가을비
촉촉이 적신 나무
푸석하던 잎사귀 생기 돌고
단풍놀이 갈 날 손꼽으며
때때옷 가만히 꺼내본다

가을비
밤새워 내리는데
봇짐 꾸려 길 떠나는 여름
보내기 안쓰러워도
단풍 옷 곱게 차려입고
먼 길 찾아오는 가을
반기지 않을 수 없다.

다 좋을 수야

시베리아 얼음 군단
한랭전선 짙게 드리우니
명암이 엇갈리네

황태덕장 제철 만나
노릇노릇 물들어도
과일가게 된서리 만나
발 동동 구르네

빙벽 타는 등반가
송골송골 땀 맺혀도
쪽방촌 독거노인
시린 어깨 저려오네

세상사 다 좋을 수 없지만
삼한사온 물러간 자리
동장군 차지하니
설맞이 소시민의 근심
깊어만 가는구나.

창포

마을 어귀 도랑가
지천至賤으로 핀 창포
가만히 들여다보면
녹색 저고리 붉은 치마
차려입은 아낙네들
단오비음端午庇蔭
치성致誠 드리는 모습
환영처럼 다가온다

역사의 발자국 속
사장死藏된 단오
명절 풍속 명맥 끊겨
유아기 흔적 되었어도
내력來歷 더듬어보면
창포물에 머리 감고
삼단 같은 머릿결 휘날리며
그네 타는 규수閨秀 마주한다.

유월의 산하

검푸른 물결 날름거리는
유월의 산하山河
굵은 바늘 꿰맨 흉터 자국
폐가처럼 흉물스럽게 남아있다

이념의 깃발 찢어져
종내終乃 피바람 몰고 와
두 동강 난 산하
전차바퀴에 짓뭉개 이고
백두대간 능선마다
못다 핀 젊은 영혼들
구천九泉을 헤매다
핏빛 철쭉으로 피어났다

유월의 산하
저리도 검푸른 것은
아마도
가슴속 멍울
차마 드러내지 못하고
안으로 짓누르다
빗물 배여 퍼져 나왔음이라.

빈 뜰

빈 뜰에

햇살 비추고

비 내리니

키 큰 강아지풀도

키 작은 토끼풀도

옹기종기 마을 이루며

오손도손 살아가네.

딸 시중 반만

산월産月 가까운 딸
뒤뚱거리는 모습 안쓰러워
시자侍者 같이 시중드는데
딸 나이에 임신한 아내
산동네 오르락내리락하였어도
다정히 손 내밀지 못했네
딸 사랑 마음
아내에게 반만 했어도
무거운 몸 날개 단듯하고
납덩이 다리 솜털같이
가벼웠을 텐데.

도전

담쟁이 뒤덮은 초록 벽면
수채화 화폭 같아도
수직 등반하는 덩굴손
사투[死鬪] 이어지고 있다

걸음마 떼는 아기
재롱부리는 듯해도
내딛는 한걸음
백두대간 종단[縱斷]하듯
사력[死力] 다하고 있다

언 땅속 파고들어
포복한 풀씨 죽은듯해도
새싹 피울 날 기다리며
가쁜 숨 몰아쉬고 있다

식지 않는 도전의식
만물의 가슴속 용광로 지피니
설한풍[雪寒風] 언덕길 걸어도
도화[桃花] 향기 피어오른다.

담장 너머 목련꽃

담장 너머 팔 내민 목련의 손가락 마디마다
봉긋봉긋 수줍게 맺혀 있는 꽃망울
지난밤 꽃샘추위에 풀죽어 움츠러들려 마는
영롱한 이슬로 세수하고 일곱 빛깔 햇살로 단장하여
그 자태 오늘 더욱 고고孤高하여라
길 가던 사람 손꼽아 꽃피우길 기다려도
심지心志 깊은 목련 본 척도 않고
수맥에 뿌리내려 펌프질하며
가지마다 물 배달로 쉴 틈 없어라
남풍이 전해주는 봄소식에
느긋한 목련도 시기 놓칠세라
움켜진 인내의 끈 놓고
봇물 터트리듯 순백의 꽃 피우니
하늘 가득 목련 향기 그윽하고
순결한 기운 온 마을 가득하여라
길가는 사람 잠시 걸음 멈추고
프리마돈나 같은 고귀한 자태 바라보지만
눈부셔 다 못보고 고개 돌리는구나.

몰입

나와 사물 하나 되고
관계의 고리 벗어나
삶의 주체되는 순간

화두 붙든 선승
집도하는 의사
연주하는 음악가
활 쏘는 궁수
실험하는 과학자
시 쓰는 시인

자아의 벽 허물고
창공으로 비상하는
자유로운 날갯짓이여.

둘레길의 봄

겨우내 벌거벗은 나무
훈풍의 간지럼 참지 못해
연둣빛 새싹 틔우고
온기 품은 봄 햇살
비탈진 모퉁이에도 은총 베풀어
새싹들 불어대는 찬양의 트럼펫 소리
수리산 능선 따라 퍼져가네

메말랐던 실개천
어제 내린 봄비로 풍요로워
지난겨울 고난 잊고
흥겨워 조잘대는
개울물 이야기꽃 만발하네

삭풍에 날갯짓 게을렀던 산새
할 일 없이 하늘로 날아오르고
온몸으로 추위와 굶주림 견디어
꿋꿋이 살아남은 들고양이
햇살 좋은 바위에서

느긋한 오수 즐기네

봄의 향연 펼쳐지는 수리산 둘레길
새싹과 개울물 협연하고 산새들 합창하는
웅장한 오케스트라 연주장.

변화

누렁소 논갈이한 들녘
개발의 광풍[狂風] 몰아치니
아파트 단지 마을 이루고
고향 자취 경적소리 묻혀
아스라이 사라지네

영화 속 상상의 세계
현실로 다가서니
변화의 소용돌이
삼라만상[森羅萬象] 어디에도
닿지 않는 곳 없네

급류 탄 변화 브레이크 없어
멈출 곳 알 수 없으니
낯익은 삶의 방식
가상공간 늪에 빠져
종잡지 못하네.

벚꽃 물결

벚나무 갑옷 껍질 헤집고
고개 내민 꽃봉오리
봄비에 우산 펼치듯
꽃잎 활짝 피우니
거리는 온통 벚꽃 물결

바람결 탄 벚꽃 향기
온 마을로 퍼져나가
일상에 지친 사람들
벚꽃길로 불러내니
거리는 온통 동심의 세계

흥겨운 새하얀 꽃잎
발레 하는 벚꽃길에
봄나들이 나온 소녀
벚꽃 자태에 기죽어
게걸음치듯 걸어가니
거리는 온통 웃음바다.

코발트 빛의 괌

기세 좋게 몰아쳐 온
코뿔소 서태평양 파도
철옹성 산호 성벽 부딪혀
하얗게 부서지는
코발트 빛 투몬 만
산호초 사이 유영[遊泳]하는
형형색색 열대어 보며
스노쿨링하는 관광객 넘쳐나네
천 길 낭떠러지 사랑의 절벽
갈매기 울음소리 섞여
슬픈 사랑노래 들려오고
고국[故國] 돌아갈 날 기다리다
전사한 이름 모를 징용병 모습
절벽에 투영[投影]되어
몇 걸음 되지 않는 계단
난간 잡고 내려오니
수평선 맞닿은 하늘에는
노을 그림 그려져 있네.

해후

모래층 파묻혀
얼굴 잃은 지난 시절
연륜[年輪]의 무게 짓눌려
화석[化石] 되어 가는데

흑백사진 속 골방
갈라진 창틈으로
낯익은 목소리 찾아드니

끊어진 필름 이어지고
먼지 쌓인 지난날
기지개 켜네

타임머신 타고
돌아간 까까머리 시절
벌거숭이로 다가서니
마주보는 눈언저리
회상[回想]의 물결 넘실댄다.

밤거리

고양이 어둠
쥐잡듯 다가와
햇살 삼키고
먹물 뿜어낸다

발길 뜸한 거리
검은 이불 무게
가위눌려 앓는 소리
적막 깨뜨린다

신호등 조명 아래
밤의 정령 펼치는
한마당 공연
지켜보는 이 없고
풍악 소리에 잠 깬 가로수
실눈으로 바라본다.

자작나무

때묻지 않은
순수의 열병식 이어지는
살얼음 쏟아져 내리는
동토凍土

햇살 얼어붙는 칼바람 속
허연 속살 드러낸 자작나무
고귀한 기품氣品 지키며
숲의 왕궁 수호守護하네

숲의 정령 자작子爵 찾아와
들려주는 페르귄트 방랑기
산타 썰매에 실려
솔베이지에게 전해지네.

마네킹 군상

신상정보 도배한 인터넷
성형한 신상정보
쓰레기 더미 이루고
장물[臟物] 된 신상정보
비 맞은 벽보 같네

도심은 몰카 촬영장
사방에 매의 눈 번득이고
박쥐같은 감시카메라
숨 가쁘게 돌아가네

숨을 그늘 없는 도심
벌거숭이 마네킹 군상[群像]
안식처 찾아 몰려다니네

담장 없는 교도소
벗어나고파 찾은 산사[山寺]
대웅전 단청 속 감시자
눈에 익은 모습이네.

달빛 취해 걸으며

벗들과 술에 취해
노고단 자락 산골마을
밤길 나서니
휘영청 보름달 님본듯
수줍게 웃으며 맞이하네

술 취한 발걸음
보름달 미모에 넋 빠져서
중심 잃고 휘청거려도
푹신한 페어웨이 거닐듯
깃털처럼 가볍기만 하구나

밤길 어두운 길손
등불 되어주는 달빛 따라
꿈꾸듯 걷노라니
어디선가 개 짖는 소리 들려
고개 들고 밤하늘 바라보니
저만큼 보름달 멀어져있네.

단순하게

아기 눈동자
순백純白의 결정체임은
새끼줄 꼬인 인간관계
수족手足 얽매지 않고
욕심의 파문波紋일어
번뇌煩惱 불러오지 않음이리

질경이 뿌리 인연
한 겹 한 겹 벗어두고
욕조에 몸 담그면
가슴 짓누르는 고뇌
물러간 자리
무위無爲의 졸음 찾아오리

미로迷路 갇힌
지친 심신心身 병들기 전에
복잡한 관계의 가지 잘라내고
괴나리봇짐 꾸려
단순한 길 떠나보리.

폭우

잔뜩 찡그린 먹구름
무리지어 몰려와
짙은 암막 사방에 드리운다

한 치 양보 없는 전선前線 부딪혀
전면전全面戰 일어나니
섬광이 번쩍이고
대포 소리 지축地軸 흔들고
하늘의 제방 터져
폭포수 쏟아져 내린다

차고 넘치는 빗물로
차선車線 사라진 도로
거북이 자동차들
발 묶여 오가지 못한다

제 몸 가누기도 힘든
고장 난 신호등
붉은 신호등 깜박여도
구조의 손길 닿지 않고
도로는 이내 강으로 변해간다.

산본 시장

추석맞이 산본 시장
빈손으로 떠밀려온 사람들
양손에 비닐봉지 가득 들고
떠밀려서 나가네

점심 거른 떡집 아줌마
불러오는 돈주머니에
배고픈 줄 모르고
좌판 앞에 졸고 있던
푸성귀 파는 할머니 손길
바람소리 나네

한가위 큰 손님 후한 씀씀이
잿빛 시장바닥
황금빛 광채 나고
주름진 장사꾼 얼굴
다림질한 듯하네.

만남

개울가 송사리 떼
모였다 흩어져
제 갈 길 찾아가듯
비바람 속에도 타오르는
송진 같은 만남도
인연의 매듭 풀어지면
민들레 홀씨 되어 흩어지고
철새 떼 때가 되면
줄지어 수만리 날아가듯
반석盤石처럼 견고한 만남도
인연의 고리 끊어지면
바람결 낙엽 되어 흩날리리
삼라만상森羅萬象
변하지 않는 것 없음에
만남도 비껴갈 수 없으니
가고 옴에 애달파 않고
가던 길 그대로 가리오.

베란다 창의 수채화

베란다 창의 화폭
전광판처럼 풍경 바뀌고
수채화 소재 다르지만
화폭 가장자리
소나무 몇 그루 서있다

흐린 날의 베란다 창
미세먼지에도 얼굴색 변치 않은
푸른 소나무 그려지면
병들지 않을까 염려스러워
다시 한 번 창을 본다

태풍 부는 날의 베란다 창
광풍에도 흔들림 없이
꿋꿋이 맞서는 소나무 그려지면
뿌리 뽑혀 쓰러질까 걱정되어
다시 한 번 창을 본다

눈 내린 날의 베란다 창
하얀 모자 쓴 소나무 그려지면
고즈넉한 별장에 온 듯하여
희뿌연 성에 닦아내고
다시 한 번 창을 본다.

한 가지 소망

누구든지 예사롭게 여기는 일
누구에게는 너무나도 하고 싶은 일이여

누구든지 자연스럽게 여기는 일
누구에게는 무척이나 고통스런 일이여

누구든지 단순하게 바라는 일
누구에게는 절실하게 기원하는 일이여

누구든지 많은 소망 지니지만
누구에게는 한 가지 소망만이 있을 뿐이다.

독설

얇은 귀 여과 없이 받아들인
싫은 소리 담아두는
마음의 창고 하도 비좁아
독설의 창 던지니
더운 방 살얼음 끼고
뼛속까지 냉기 스미네

싫은 소리에 담긴 마음 생각하면
그냥 소리로 받아들일 수 있을 텐데
내가 뱉은 싫은 소리 생각하면
그런 독설 날릴 수 없을 텐데
독설이 앗아간 마음의 빈자리
언제쯤 비둘기 날아오려나.

달팽이처럼

꿈길에도 뵙지 못한 고조할아버지
짚신 자주 바꿔 신고 굽이굽이 고갯길 넘어가며
이 주막 들러 막걸리 한잔에 목을 축이고
저 주막 들러 국밥 한 그릇에 배를 채우며
한 달가량 걸려서야 남대문 지나 한양 입성하였지만
남녘 마을 사는 친구 부친상 조문 다녀오는 길은
KTX 타고서 가고 오니 반나절 남짓 걸리네
빠르고 편함이 좋기는 하지만
지나온 육십 년 KTX처럼 순식간에 스쳐간 듯하여
마냥 빠른 것이 좋지만은 않으이
뜬구름 흘러가듯 지나간 세월 돌려놓고 싶어도
어찌할 수 없으니 살아온 날들보다 짧게 남은 날들은
한참을 가다 뒤돌아봐도 가는 둥 마는 둥
기어가는 달팽이처럼 느릿느릿 지나가면 좋으련만.

길들여진 삶

늘 다니는 길 편안함 있지만
호기심 끄는 새로움 없고

늘 만나는 사람 친밀함 있지만
가슴 뛰는 설렘 없네

늘 하는 일 손쉬움 있지만
도전하는 짜릿함 없고

늘 길들여진 삶 안락함 있지만
변화하는 약동감 없네.

여우산

화첩 펼친 여우산
비 내려 활활 타오른다

업보[業報]의 덫에 갇힌
구미호 혼불
신복[神服] 입고
환생[幻生] 굿 벌린 자리
오색 단풍 물결친다

비수 눈 섬광
불빛에 가려지고
한 맺힌 울음소리
경적소리에 묻혀가도
보름달 뜨는 밤이면
한숨 깊은 여우산
핏빛으로 물든다.

순댓집

찬바람 코끝 스치면
동네 벗들 찾아가는
시장통 순댓집

정성 담긴
순댓국 한 뚝배기
움츠린 몸 펴주고
걸쭉한 막걸리 한 사발에
얼굴빛 화색[和色]도네

채소가게 문 닫는 소리
파장[罷場] 알리고
막걸리에 취한 정담[情談]
끝날 줄 몰라도
투박한 질그릇 속 온기
그대로이네.

마음자리

창 닫아
고요가 돗자리 깔면
관계의 옷
한 겹 한 겹
벗어던지고
가식 없는 내 모습
마주하니
욕망 물러간
마음 빈자리에
달빛 찾아들고
판전[板殿]이 허연 치아
드러내고
아이 웃음 짓고 있다.

끊임없이 잘려도

꽃지고 난 화단에
주인 행세하며
초록 자태 뽐냈는데
제초기 요란하더니

사지 잘린 잔디 잔해
온 화단에 가득하고
쓰나미 휩쓴 자리마냥
절망의 그림자 드리우네

한 가닥 구명줄 끊어졌어도
독사처럼 모진 잔디
눈물 흘리지 않고
땅속의 뿌리 갈무리하며

푸르른 날 다짐하듯
먼 산만 바라보네.

나리분지

성인봉 올랐다
고행[苦行]의 나무계단
수도[修道]하듯 내려오니
산봉우리 울타리 속
청학[靑鶴] 노닌 나리분지
품속같이 안겨온다

용천수 얼음물 발 담그니
아린 다리 풀어지고
해풍에 얼굴 씻은
산채 비빔밥
생기[生氣] 북돋워준다

나리분지 청아[淸雅]한 기운
찌든 폐부[肺腑] 스며들어
묵은 번뇌 물러간 자리
동자승 웃음 번져라.

타고난 대로

인류의 진화과정
오롯이 담은 유전자
역사의 수레바퀴 닳고 닳아도
그 모습 변치 않는
불변不變의 성역聖域

세한도歲寒圖 속
황량荒凉한 풍경
일체의 장식
발붙일 곳 없음에
깃든
고고孤高한 선비정신

비단옷 차려입고
치장治粧 하여도
타고난 그릇 달라지지 않으니
찾아보라!
원래 모습을.

아내는 어름사니

아내는 세 가닥 동아줄
곡예하는 어름사니
한 줄은 가슴 억누르는 시가에
한 줄은 사랑스런 자식에게
한 줄은 남편에게 매여있네

어느 한 줄도 쉽지 않고
어느 한 줄도 마음 편치 않으나
세 줄의 동아줄
가정 지키는 버팀줄이기에
하루도 거르지 않고
줄 위에서 곡예하네

아내의 동아줄
천장 대들보에 걸렸어도
가족의 행복으로
자신의 줄타기 대신하네.

단풍나무

뒤뜰의 감나무
어젯밤 내린 비로
푸르름 더하는데
단 한 번의 싱그러운
푸른 날 추억도 없이
저만큼 홀로 선 단풍나무
붉은빛 고운 자태 흩뜨릴라
잎새에 맺힌 물방울
살포시 떨구네
계절 따라 그 모습 변함이
자연의 섭리일진데
어이하여 단풍나무
젊음도 늙음도 비껴가고
한결같이 중년의 고귀한 마님 같은지.

첫눈

우렁각시 까치발로 걸어와
백옥가루 뿌려놓은
첫눈 내린 아침
순수의 언덕 너머
낡은 앨범 속 환영
흰 눈 머리이고 손짓하다
눈바람에 흩어진다

첫눈 이내 함박눈 되어
은사시나무처럼 떨고 있는 낙엽
솜이불 되어 주고
눈 내려 신바람 난 아이들 웃음소리
뜰 안 가득 울려 퍼진다

첫눈 내려 설레도
만나자는 벗 없어
홀로 바라보는 눈 덮인 여우산
님본듯 다정스럽다.

의지와 상관없이

흐르는 강물 위 조각배
거센 물살 생채기 내어도
운명의 나침판 벗 삼아
의지와 상관없이
바람결 따라 흘러간다
갈매기 날갯짓 한가로운 포구
닻 내려 머물고 싶어도
운명의 중력 양팔 당기니
석양지는 강물 위
노 젓는 소리 한숨 섞여
애잔하게 들려온다
의지와 상관없이
강물은 그냥 그렇게 흘러가고
운명의 나침판 따라
조각배는 마냥 떠내려간다.

기원

일자리 찾는 장사진長蛇陣
꼬리보이지 않으니
한눈팔지 않고 달려온 적토마
여물통 찾아 마구간 기웃대다
맥빠져 잿빛 하늘 바라본다

두루미 목 내민 부양가족
등에 업은 가장家長
희망퇴직 칼바람 속
한 우물 판 직장
등 떠밀려 나가야 하니
눈앞 천 길 낭떠러지 다가선다

생존위해 붙던 자영업
우후죽순雨後竹筍 생겨나니
빚더미 짓눌린 이 가게 저 가게
문 닫는 소리 통곡으로 변해간다

끝 모르는 장마 그쳐
환한 햇살 비추듯
불황의 터널 지나가고
삶의 여유 넘치는 날
실바람 타고 오길 기원한다.

찬바람 부니

달력 끝자락
벼랑에 매달려 바둥대고
할 일 다한 낙엽
바람결에 흩날린다

거둔 것 없으니
나눌 것 없어
아랫목 앉았어도
가슴속 냉기 감도네

동장군 맞으려
연탄 쌓아놓고
김장독 채우진 않아도
외투는 꺼내 놓아야지

화양연화[花樣年華]
언제인가 까마득하고
석양지는 거리에는
길고양이 울음소리 퍼져가네.

홀로 차 마시며

혼자 앉아 있어도
차 한 잔 마주하면
홀로 있는 것이 아니다
한 모금 차 마시면
군불 지핀 아랫목 앉아
나누었던 정담
메아리 되어와 귓전 두드리고
가슴속 이야기
만년설 녹은 실개천 흐르듯 한다
머리 시린 바람 불어와도
차의 온기 퍼진 창가
정든 친구 마주 보고
손잡은듯하다.

테헤란로

불황의 암막 쳐진
테헤란로 빌딩가
공실空室 넘쳐나고
풍랑 속 조각배 탄 샐러리맨
등댓불 빛바래 갈길 몰라하네

퇴근길 테헤란로
빌딩풍 휘몰아치니
풀죽은 샐러리맨 느린 걸음
탭댄스 추듯 빨라지네

콩나물시루 지하철역
휴대폰 과녁에 초점 맞춘
표정없는 석고상들
밀려왔다 쓸려간 플랫폼
고적감孤寂感 감도네

발길 뜸한 테헤란로
뒷골목 선술집
홀로 앉은 샐러리맨 술잔 속
석양길 걸어가는
등 굽은 테헤란로 모습 투영되네.

제2부

매미 소리 그치리

한 달을 평생처럼
뜨거운 삶 살고파서
칠흑 같은 땅속에서 보낸
십수 년 인고의 세월 잊은 채
장작불처럼 이글거리는
한여름에 찾아와
울음 울지 못하는 암컷 찾아
목이 쉬도록 울어대는
수컷 매미들 구애 소리에
간간이 들려오던 새소리도
연신 울려대는 자동차 소음도
가물가물 묻혀가네
매미 소리 그친 열대야 밤이
명주실 타래처럼 길게만 느껴져도
이 여름 지나가면
매미들 시한부 삶도
끝나리라 생각하니
잦은 부채질 절로 멈추어지고
매미 소리 울릴 내일 기다려지는구나.

들끓는 욕망

마음자리 터전
땅속 마그마 같아
쉼 없이 온갖 욕망
들끓고 있네

길손 욕망
잠시 머물다 간 마음자리
터줏대감 욕망
둥지 틀고 앉으려 하네

종잡을 수 없는 욕망들
서로 얽혀 뒹군 자리
한순간 고요 깃들어도
욕망의 광풍 다시 불어와
겨우 서 있는 마음의 기둥
기울여버리네.

사념

문고리 잠그고 명상에 잠겨도
머릿속 헤집고 다니는 사념思念
쉽사리 떨쳐지지 않음은
문지방 틈새 바람만 드나들지 않고
세상사世上事 바람 등에 업혀 옴이네
기억의 곳간에 빼곡히 쌓였다가
바람벽 사이로 마실 나오는 사념
파수꾼 세워도 막을 수 없음은
분수되어 솟아오르는 추억담追憶談
비좁은 곳간 속에 재워둘 수 없음이네
사념思念이 사념邪念으로 옷 바꿔 입지 않고
마음 빛 회색으로 물들이지 않는다면
드넓은 가슴속 들판에 방목시켜
마음껏 노닐도록 지켜봄직도 하련만.

눈 덮인 수리산

종일 눈 내려 바라본 수리산
흰 두루마기 차려입은 신선
백발 휘날리며 소요逍遙하고 있네

새벽녘 거쳐간 발자국 따라
수리산 둘레길 오르니
도열堵列한 나무마다 눈꽃 피어
산수화 속 길손 된듯하네

솜털 눈길 오르락내리락하니
속세의 번뇌 씻은 듯하고
육계肉界를 벗어난 청심清心
비상飛上하는 학되어
태을봉 너머로 고고히 사라지네

눈 덮인 수리산
먼발치에서 바라봐도
품속 들어가 시리도록 걸어도
옥에 티 찾을 수 없으니
별천계別天界의 백미白眉로구나.

노을

붉은 해가
시린 바다로 떨어지니
넘실대는 파도 무대에
조명 비추던 노을도
검은 바다 소용돌이로
곤두박질한다

수평선 맞닿은 하늘에
겨우 드러누워
링거 꽂은 붉은 해
해소 기침하는데
떼로 몰려온 검은 물고기들
붉은 해 살점 뜯어
한 입 한 입 물고 간다

붉은 해 삼킨 바다
덩실덩실 춤추는데
어둠에 포박된 노을
파도의 채찍질로
검은 멍울 커져간다.

낯선 가을 들녘

나락 익는 누런 들녘
예나 지금이나
바라만 봐도 풍요로워도
참새떼 쫓던 허수아비
볏단 나르는 농군
새참이고 오는 아낙네
사라진 들녘
낯설기만 하네
먼 길 떠난 참새떼
들녘 찾는 날 오면
허수아비 반겨주는
눈에 익은 정든 풍경
다시 볼 수 있으려나.

인터넷 광산

인터넷 광산에
금맥 찾는 채굴꾼
진흙탕 빠져
첨벙대며 걷는다

늑대의 눈
붉게 충혈되어
아슬아슬 벼랑길 지나며
노다지 허망 쫓아
신발 닳도록 걷는다

푸른 옷 걸친
하한가 물러가고
붉은빛 여의주 품은
상한가 찾아오길 빌어도
모진 바람 불어 촛불 꺼진다.

살다보면

살다보면 소원 이루어져
가슴 벅찬 날 있고
살다보면 불행 겪게 되어
가슴 찢어지는 날 있다

살다보면 노력 결실 맺어
가슴 트이는 날 있고
살다보면 억울한 일 당하여
가슴 메워지는 날 있다

살다보면 이 일 저 일 겪으며
가슴속 멍울 남아도
사랑의 온기 남아있어
또 다른 아침 기다린다.

지난 추억

정든 고향 떠나올 때는
내년쯤 다시 찾아와
이전처럼 살리라 다짐했지만
멀리 떠나와 살게 되니
고향 모습 어렴풋해지고
고향 가는 길 만리타국 같네

고향 친구 헤어질 때는
내년쯤 다시 찾아와
이전처럼 지내리라 다짐했지만
멀리 떠나와 살게 되니
친구 얼굴 가물가물해지고
친구 만남 사돈처럼 어렵네

지난 일 오늘에 묻혀 잊혀지고
떠나온 것 남아 있는 것에 밀려가니
겨우 매달린 추억의 조롱박마저
떨어지지는 않을지.

가족

떨어져 살아도

곁에 있는 것 같고

말하지 않아도

원하는 것 알 수 있고

바라만 보아도

마음속 괴로움 느낄 수 있네.

향기

향기 없는 국화
샛노란 꽃송이
탐스러워 보여도
가을 정취 풍기지 않는
그림 속 정경일 뿐

마네킹 오뚝한 코
높아 보여도
인간미 느껴지지 않는
쇼윈도 속 인형일 뿐

향기나지 않는 국화
벌 찾지 않고
인간미 없는 사람
어울리기 어려우니
나만의 그윽한 향기
품어봄이 좋으리.

보름달의 자비심

계수나무 그늘 아래
정좌正坐한 부처
주장자拄杖子 내리치니
서둘러 몸단장한 보름달
힘차게 노 젓는 소리
천상계天上界로 퍼져가네

보름달의 무량자비無量慈悲
달동네 골목길
적막한 산사山寺에도
차별 없이 넘쳐나니
중생계衆生界에 광명 깃드네

삼계三界의 만물
변하지 않는 것 없으나
한가위 보름달의 자비심
억겁億劫에도 변하지 않으리.

바람

바람 불어
미세먼지 걷힌 하늘
바라보며 지운 미소
보도步道 위 이리저리
찢겨진 벚꽃 나뒹구니
금세 흙빛

여정旅程의 모롱이
찾아온 숱한 바람
스쳐간 가슴
멍울 넝쿨 덮었어도
세파世波의 사슬
끊을 수 없지만

한 마리 노랑나비
훨훨 날아가는
화원花園 속 낯익은 모습
손 모아 기원하네
미풍微風을.

남들처럼

남들이 살아가는 평범한 삶
쉬울 것 같지만
그렇지 않아

남들이 살아가는 일상의 모습
예사롭게 보이지만
그렇지 않아

남들이 살아가는 인생의 길
순탄해 보이지만
그렇지 않아

남들처럼 물 흐르듯 살아가는
보통 사람의 삶
너무나 어려워.

강물 같은 날

홀로 흐르는 실개울
아다지오 선율처럼
물소리 해맑은 미소에 담고
잔잔히 흘러간다

이 골 저 골 모여든 냇물
부딪혀 소용돌이 내며
절정 향해 치닫는
관현악 합주처럼
물소리 천둥소리에 담고
요란스럽게 흘러간다

어머니 가슴처럼 넉넉한 강물
힘든 여정에 생채기 난
냇물 품에 안고
무반주 첼로 협주곡처럼
물소리 심연에 담고
쉬엄쉬엄 흘러간다.

설렘

갓 잡은 은빛 갈치
파닥거림 넘쳐나는
설렘으로 열린 아침

한 줄 시에
한 번 샷에
한 잔 술에
한 번 만남에
한 곳 여행에
한 번 공연에

행복한 하루여!

근심의 샘

두레박 연신 내려
쉼 없이 퍼가도
근심의 샘
바닥 보이지 않네

근심의 얼굴
경극의 가면 같아
시시때때 바뀌니
바람 잘 날 쉬이 오지 않네

근심의 늪
헤어나지 못함은
내려놓지 아니한 욕심덩이
똬리 틀고 있음이네.

이대로가 좋다

젊은 시절 돌려준다 해도
가난에 찌든 힘든 삶
다시 겪기 싫어서
이대로가 좋다

열정적 사랑 감정 돌려준다 해도
관계의 구속에 매이기 싫어서
이대로가 좋다

신명나는 일자리 마련해준다 해도
일에 쫓겨 살아온 날들이 싫어서
이대로가 좋다

그냥 바라는 것 없이 살아가는
이대로가 좋다.

포도나무

줄기에 새순 돋더니
긴팔 뻗은 가지마다
주렁주렁 포도송이 달리니
곱사등이 되었네

뿌리 뽑힐 것 같은
태풍 이겨내고
알 속의 두세 개 씨앗
온전히 여물도록
살을 벤 듯 따가운 햇살
검게 탄 껍질로 방패삼네

불볕더위 견디고
향기 그윽한 날 맞으면
허리 곧게 펴고
발목 시리도록 춤추어라

포도나무여!

그냥 담담하게

도저히 감당할 수 없던 일도
겪게 되면
어떻게든 부딪혀간다

도저히 해결할 수 없던 일도
시간이 흐르면
어떻게든 풀려서 간다

도저히 있을 수 없던 일도
있을 수 있는 일로 받아들이며
고갯길 산모퉁이 지나듯
그냥 담담히 지나쳐간다.

나대로 삶

먹이 찾아 헤매는 북극곰
굶주린 새끼 모습 안쓰러워도
우리 갇힌 배부른 사육 곰
부러워하지 않네

대양 누비고 다닌 연어
고향 강물 거슬러 오르다
강태공에게 낚여도
가두리 갇힌 양식 연어
애처롭게 여기네

첩첩산중 오두막지기
벗없어 외로워 보여도
산새 소리, 개울물 소리
끊이지 않으니
콘크리트 속 아파트 생활
갑갑해 하네.

무엇을 위한, 누구를 위한,
보이기 위한 삶 아닌
나대로 삶이라면
어디서, 어떻게 살아간들
걸림이 있으랴.

슬픔 잊은 하늘

슬픔 잊은
어릿광대 하늘
가을 다 가도록
눈물 한 방울 흘리지 않네

땟국 낀 산야[山野]
두 손 닳게 빌어봐도
돌부처 하늘
돌아앉아 거드름 피우네

남청색 고운 자태
뽐내지만 말고
산야와 더불어
가랑비 흠뻑 젖어
놀아봄이 어떠할지.

그럴 수밖에

떳떳치 못한 지난 일
중년 부인 민낯 같아
얼굴 붉혀져도
되돌려 놓을 수 없고
현명하지 못한 지난 판단
놓친 물고기처럼 아쉬워도
바꿀 수 없네
지난 일 그럴 수밖에 없음에
차창 밖 경치 보듯
홀가분하게 떠나보내고
남은 삶 물 흐르듯 하게
무너진 마음 제방 손보리.

모자란 듯

젊은 시절 과[過]한 듯 탐하여도
담을 그릇 넉넉하여
넘치지 않더니
나이 드니 모자란 듯 탐하여도
담을 그릇 부족하여
철철 넘쳐나네

떨치지 못한
진드기 그릇된 탐욕
절제의 문빗장 열고
불쑥불쑥 고개 내미니
공들여 쌓은 제방
한 귀퉁이 무너져 내리네

살아온 날들보다 남은 날 적고
이마 위 논두렁 깊어지니
솔향기 그윽한 오솔길 찾아
누더기 탐욕 벗어던지고
모자란 듯 취[取]하며 걸어가리.

소시민

등짐 진 소시민
내딛는 발자국마다
땅이 꺼진다

구조조정 칼바람 불어오니
외줄 생[生] 살았어도
여생[餘生]은 미지수[未知數]
신기루 사라진 산마루
석양이 가쁜 숨 몰아쉰다

갈까마귀 울음 운 하늘
진눈깨비 흩날리니
집으로 가는 길
멀기만 하다.

기생 걸음 단풍 행렬

여름 끝자락
화력 다한 숯불이어도
재 되는 순간까지
안간힘 쓰며 턱걸이하네

꼬리 잘린 늙은 해
산중턱 넘어가다
기세 좋은 어스름 장벽 앞에
맥없이 주저앉네

철책선 가로막혀
머뭇대는 단풍 행렬
파발 띄워 재촉해봐도
기생 걸음 단풍 행렬
쉬이 보기 어렵겠네.

열정

나이 든다고 열정의 불꽃
사그라지는 것은 아니다
활화산 같은 열정 아니지만
비바람에도 꺼지지 않는
질긴 열정 휴화산처럼
가슴속에 웅크리고 있다

나이 든다고 열정의 물결
잠잠해지는 것은 아니다
신명나는 열정 아니지만
잔잔한 열정 물결처럼
가슴속에 출렁이고 있다

나이 든다고 열정의 기쁨
줄어느는 것은 아니다
가슴 터지는 열정 아니지만
부드러운 열정 솜사탕처럼
가슴속에 부풀어 오르고 있다.

부부

먼 여행길
홀로 떠나도
그림자처럼 따라오는 느낌
뒤돌아보면
눈에 익은 애틋한 모습

가시덤불 헤치고
오솔길 걸어도
발자국처럼 따라오는 기척
고개 돌려보면
귀에 익은 포근한 소리

이 길 지나
저길 가더라도
지워지지 않을 이름.

화담 숲

운무 낀 화담 숲
실루엣 벗으니
단풍 물결 출렁이는
별천계別天界

화담 숲 어느 것도
눈길 가지 않는 것 없지만
줄이은 둘레길
시장통 같아

발길 뜸한 오솔길 찾아드니
다람쥐 넘나들고
구절초 반겨주어
촉촉이 자연향기 스며라

단풍과 화담和談하며
산길 따라 내려오니
금슬 좋은 원앙
한가로이 유영遊泳하고 있네.

금정역 먹자골목

알록달록 간판 달고
취향 다른 입맛 맞춰
구색 갖춘 음식점 줄지은
금정역 먹자골목

네온 불 휘황하게 밝혀지면
퇴근길 샐러리맨들
삼삼오오 몰려와
소주 한 잔에 스트레스 날리네

대중교통 끊어진 밤중에도
밤을 잃은 사람들 넘쳐나고
새벽의 어스름 찾아올 때까지
화로 속 같은 먹자골목 열기
사그라질 줄 모르네.

사각지대

손바닥만 한 햇살
찾아드는 사각지대
기댈 언덕 없는
주름투성이 얼굴들
희망이 말라버린
진흙탕 속에서
생존의 노 젓고 있다
복지 기금 골목골목 찾아가도
폐지 더미 짓눌린
등 굽은 할머니
비껴서 지나가니
손수레 멍에
벗어날 길 없어라
동토의 사각지대
찾아온 눈먼 봄마저
화들짝 놀라서
뒷걸음쳐 달아난다.

병신년 새해에는

알타이 초원 비좁게 다닌 양 떼
울음소리 더 높았던 을미년乙未年
섣달 그믐달 속으로 스며들고
병신년丙申年 붉은 해
원숭이 익살맞은 웃음 짓고
동해 박차고 솟아오르니
천수만 철새떼 온 하늘 가득
힘찬 날갯짓하며 비상하네

새해에는
당내 계파갈등 종식終熄하고
민생 챙기는 정치
이루어지게 하옵소서

새해에는
나라 경제 호황 맞아 일자리 창출創出 넘쳐나고
구조조정 줄어들어 신명나게 일하게 하옵소서

새해에는
소외계층 복지혜택 고르게 나누어져
사회적 불평등 줄어들게 하옵소서

새해에는
시대 부응副應하는 교육정책으로
교육력 제고提高하여 인력낭비 해소하고
세계 속 한국문화 우뚝 서게 하옵소서

새해에는
대한민국 국운國運 드높이 상승하여
온 국민 환희의 찬가 목청 높여 부르게 하옵소서.

세월

그날이 그날인 듯해도
발 없는 세월
물결 따라 출렁인 자리
암각화 새겨져 있네

먼지 쌓인 앨범 펼치니
동굴 속 갇힌 지난 세월
경주마 내닫듯
한걸음에 덮쳐오고
풍랑 거센 날들
커튼에 가려진
소중한 날들 다가와
가슴속 봄비 내리네

오늘이 어제가 되고
세월은 바람결에 실려 가도
소중한 날들의 추억
나이테로 남으리.

나목 벚나무

삭풍에 잎새 떨구고
속옷 벗어 던졌어도
한 점 부끄럼 없기에
얼굴 붉히지 않네

돌볼 가족 없는
혈혈단신孑孑單身
동장군 기세 두렵지 않고
송곳 같은 칼바람
철갑 껍질 뚫지 못하네

흰 눈 머리이고
선방禪房 홀로 앉아
화두話頭 끈 놓지 않으니
바람결 타고 온 낙엽 쌓여
곁불 되어주네.

웅지 품은 화성

화성행궁 굽어보는 서장대 힘겹게 오르니 서둘러 핀 진달래꽃 수줍은 얼굴로 반겨주네 북벌의 웅지 담은 '화성장대[華城將臺]' 현판 정조대왕의 기개 넘쳐나고 뜰 아래 심어진 몇 그루 소나무 머리 조아린 듯 허리 굽어 뻗어있다.

혜경궁 향한 대왕의 효심 깃든 효도의 종소리 들으며 화양루 향하니 곳곳에 치성[雉城]과 암문[暗門] 배치되어 있고 포루[砲樓]와 각루[角樓]까지 갖추어져 화성 설계한 다산의 지혜로움에 절로 감탄 터져 나온다.

화성행궁의 신풍루 지나니 담장 양편에 도열[堵列]한 매화꽃 향기 그윽하여 누각 둘러보는 발걸음 가볍고 화령전 이르러 대왕 영정 접하니 고귀한 자태에 고개 숙여진다.

관람시간 쫓겨 종종걸음으로 정문 나서니 푸른 하늘엔 뭉게구름 피어있고 '품[品]'자형 노거수 느티나무 배웅해준다.

비는 내리고

빗방울 소리
실로폰 두드린 듯
잔물결 일으키더니
어둠 내린 어느 순간
볼륨 높은 드럼 소리로 변해
먼바다 파도 되어 출렁인다

거리무대 치장[治粧]하는 네온간판
비 젖어 사시나무 떨듯하다
겨우 매무새 다듬고
화장기 없는 누런 얼굴
마지못해 내미는 밤거리
인적 끊겨 을씨년스럽다

베틀 앉은 여인
한[恨] 맺힌 눈물인 양
빗소리 구슬프게 들려와
선술집 창가 홀로 앉은
가슴 아린 나그네
빈 술잔에 눈물 뿌려도
밤비는 하염없이 내린다.

선택

사는 모습 같아 보여도
판박이 삶 없음은
가는 길 천 갈래 만 갈래니
제각각의 삶일 수밖에

타고난 그릇 맞는
원하는 일 다를지라도
고비苦悲 넘는 고개마다
곧은길 택하여 걷는다면
나만의 삶 살 수 있으련만

손 닿지 않는 허상虛想 쫓아
굽이굽이 사잇길 돌고 돌다
선택의 의미 사라진
뒤안길 접어들어
무명無明의 늪 벗어나네.

가슴속 조류

바닷속 조류
가슴속으로 흐른다

밀물 따라
거룻배에 실려 온
희로애락
썰물 따라
나룻배에 실려 간다

거친 조류 할퀸 가슴
몽돌처럼 둥그러져
찾아오는 희로애락
예사롭게 맞이하고
떠나가는 희로애락
덤덤하게 보낸다.

붙들린 가을

허리춤 붙들고
늘어지는 여름
한사코 뿌리치는 가을
줄다리기 거의 열흘 채

누런 들판
단풍 드는 산
가을임이 느껴지는데

송충이 여름
잎사귀 가을
야금야금 갉아먹고
한 뼘 남은 가을 자리마저
앗아가려나.

올가미

인연의 고리 얽히고설킨
베일 속 올가미
갈고리 거미손 내미니
매이지 않은 영혼
숨을 자리 찾네

얼굴 없는 올가미
포승줄 되어 사지를 옥죄니
내딛는 걸음마다
탄식 묻어나네

찰거머리 올가미
질긴 인연 끊을 수 없으니
먼 길 가는 동행
삼을 수밖에 없네.

파편

마음속 용광로 지펴
탐욕덩이 녹이고
담금질 쉼 없어도
관요(官窯) 터
백자 파편 같은
애욕(愛慾)의 부스러기
형체(形體) 잃고
흔적만 남았어도
길손처럼 찾아와
마음자리 어지럽히니
심창(深窓)의 성에
언제나 걷히고
청심(淸心) 깃들려나.

세월이 흐른 만큼

내 자리 그대로 지키고 싶어도
세월의 뒷바람 막을 수 없어
한 해 한 해 지날 때마다
벼랑 끝자리로
슬금슬금 밀려가노라

내 모습 그대로 간직하고 싶어도
세월의 풍랑 피해갈 수 없어
한 해 한 해 지날 때마다
얼굴의 잔주름에
깊은 골 새겨지노라

내 마음 그대로 유지하고 싶어도
세월의 무게 견딜 수 없어
한 해 한 해 지날 때마다
마음의 기둥 한편
기울어짐 느끼노라.

조화

겨울나기 나무 죽은 듯 서있지만
생존 위한 활동 한시도 멈추지 않고

팽팽하게 당겨진 활시위
터질듯한 긴장감 넘치지만
정조준 순간 시간 멈춘 듯 고요하니

만물은 고요 속에 움직임 있고
움직임 속에 고요 스미어
균형을 유지해 가는구나.

정靜과 동動

정은 반쪽 동이 그립고

동은 반쪽 정이 보고파

오매불망 애태우다

오작교 건너가

부부 연緣 맺으니

정과 동

일심동체一心同體.

평상심

마음속 저울 없어도
평상심 척도[尺度]로
희비[喜悲]의 쌍곡선
교차점 찾아가네

기대는 언제나
바라는 만큼 채워지지 않고
걱정은 늘
우려[憂慮]한 만큼 고통스럽지 않으니
잠시 집 떠난 평상심
제자리 돌아오네

벗이여!
먼 길 떠나더라도
어깨 짓누르는 근심 덩이
내려놓고
보이지 않는 평상심
지니고 가세.

개구리 연못

연꽃 향기 그윽한 연못
올챙이 떼지어 다니더니
개구리 울음소리 더 높네

저 잘났다 외쳐대는
개구리들 가득 차니
탁한 연못
시궁창 되어가네

자식 잃은 울음소리
정쟁政爭에 휘말려 들리지 않고
탐욕에 눈먼 다툼 소리
정치의 불신만 더하네

연못 속 개구리 도당徒黨
개혁입법 산적山積한데
진흙탕 속 헤어날 줄 모르네.

사랑스런 다롱이

다롱이 눈 속
청명한 하늘 내려와 있고
탱고의 선율 같은
연민의 정 담겨있네

다롱이 온기
잔물결처럼 밀려와
살얼음 진 마음의 방 데워주고
어느새 평온이 충만하네

다롱이 재롱
동자승의 천진함 담겨있고
귀여운 모습에 절로 웃음짓네

다롱이 소리
전하고 싶은 의미 품고 있고
살가운 정 바라는 메시지 실려있네

다롱이 마음
상록수같이 사시사철 변함없고
작은 보살핌에도 감사하는
순수함 자리 잡고 있어라.

신도시 산본

산본은 수리산 정기 받은
이십대 젊음이 활화산 같은
생동감 넘치는 신도시

산본은 구릉지 마을마다
아이들 웃음소리 끊이지 않는
희망 가득 찬 신도시

산본은 마을 곳곳 철쭉꽃 만발하고
더 넓은 보도 느티나무 단풍 고운
향기 풍기는 신도시

산본은 이곳저곳 도서관마다
책 읽는 소리 퍼지는
선비사는 신도시

산본은 뉴스에 이름 오르지 않고
평온하게 살고픈 사람 모여 사는
고향 같은 신도시.

왜가리떼

기세 좋게 흘러온 강줄기
서로 부딪혀 용트림하는
낙동강 하류
구불구불 이어진 지류마다
녹조 띠 짙어져
떼죽음 당한 물고기

풀덤불에 가려진 습지
홀로 뿌리내린 나뭇가지에
흰 눈처럼 내려앉은 왜가리떼
얼굴 가득 드리워진
짙은 그림자

새끼들 굶주린 모습 안쓰러워
보금사리 다시 찾고파도
날갯짓 서툰 새끼 걱정에
석양이 물든 수면 위
너울처럼 퍼져가는
깊은 한숨소리.

봄의 길목

절기節氣의 수레
굽이굽이 고갯길 돌아
춘분春分의 문지방 넘어오니
훈풍薰風에 돛단 춘색春色
백두대간 화폭삼아
수채화 그려놓네

낙엽 속 포복怖伏한 풀씨
자리 털고 일어나
초록 얼굴 앞다퉈 뽐내니
생동生動의 릴레이
이 골 저 골 이어지네

경주마 탄 전령傳令
한걸음에 달려와
남녘의 봄소식 전해주니
느림뱅이 북녘 초목草木
서둘러 몸단장하는 소리
공명共鳴되어 퍼져가네.

시월은

단풍 물든 시월
수채화 전시회 줄 이은
야외 화랑 넘쳐나네

발길 닿는 곳
청색 물감 하늘, 불타는 산하[山河]
눈부신 억새 물결 그림
수없이 걸려있네

인연 닿는
시월 어느 날
수채화에 발 담그고
머리카락 푸르게 물들이고
때깔 고운 붉은 옷 입고서
시리도록 걸어봐야지
백두대간 단풍길.

제3부

자유로운 새

송전선 위에 새
안락의자 앉은 것처럼
편안해 보이네

나뭇가지 둥지에서 잠자고
새끼들 주린 배 채워주느라
쉼 없어도
맑은 공기 마시고
바람의 속삭임 들으며
자유로운 날갯짓 하네

시조새 그러했듯이
비바람 치는 밤을
깃털 온기로 견디고
아침을 맞이하네

어미새 알을 낳고
새끼 자라 어미새 되고
한가로운 날갯짓 하네.

자연 그대로

자연은

있는 그대로
저절로 자라고

뿌리내릴 곳 찾아
제자리 지키며

살피지 않아도
제 몸 스스로 돌볼 줄 아는

인위에 물들지 않은
벌거숭이 무위.

신포항 물횟집

영일만 갯내음 물씬 품은
정갈한 해산물 요리
풍문[風聞]으로 전해져
단골 미식가[美食家]들 줄 잇는
신포항 물횟집

손님 맞는 주인장[主人丈]
환한 미소
정겨움 넘쳐나고
푸짐한 음식
인정 묻어있네

동네 벗들 아지트
신포항 수시로 찾아
계절음식 주문해
맛있게 나눠 먹고
정담[情談] 나누니
대갓집 사랑채
이보다 화기[和氣]로울 수 있으랴.

봄의 주인공

벚꽃에 현혹[眩惑]되어
거들떠보지 않았는데
가로수 가지마다
여린 잎사귀 돋아나니
연초록 채색[彩色] 거리

바람결에 살랑대는
잎사귀 바라보아
눈 속 안개 걷힌 자리
참모습 정좌[靜坐]하네

화장[化粧]한 이 꽃 저 꽃
봄의 조연[助演]이라면
절정[絶頂] 알리는 연초록 잎사귀
봄의 주인공.

조용한 행복

테라스 등나무 의자 기대
노을 저편 바라보면
고양이 걸음으로
살금살금 다가오는
조용한 행복

인적 끊긴 산사[山寺]
풀벌레 소리 귀 기울이면
끊어질 듯 이어질 듯
사각사각 들려오는
조용한 행복

봄비 젖은 뒤뜰
연초록 잎사귀 조잘대면
오색 무지개 타고
살랑살랑 불어오는
조용한 행복.

평온

냉방에 앉았어도 화롯불 지핀 듯
더운 김 솟게 하는 평온
그저 찾아온 것 아니네

엉겅퀴 덤불 헤치고
아슬아슬 벼랑길 지나온 길
두엄 되어 피운 꽃이라네

진눈깨비 눈앞 가려
한 발짝 내디딜 수 없어도
자식들 눈망울 어른거려
무소처럼 걸었네

홀로 가는 길 외로울 땐
부둥켜안아 주는 친구 있어
막걸리 한잔으로 시름 잊었네

이제 바랄 것도
애태워야 할 일도 없으니
비운 마음에 평온의 둥지 틀고
노을빛에 흠뻑 젖어보리다.

아름다운 황혼

한낮의 이글거리는 태양
누구도 바라보지 않지만
노을 지는 석양
누구든 넋을 잃고 바라본다

붉은 물감 뿌려놓은 하늘
삶의 자취 담겨 있어
검은 구름 드리워진 자리
힘겨운 날들 그림 걸려 있고
선명한 노을 자리
행복한 날들 그림 걸려 있다

꼬리 긴 석양
산마루 아스라이 보이고
별빛 속으로 노을 스민 후에야
뒷걸음쳐 가물가물 사라진다.

둥지 틀고 싶어도

텃새처럼 한 곳에
둥지 틀고 앉아
한 우물 파며 살고 싶어도
이런저런 사연 많아
역마살 낀 철새처럼
이 마을 저 마을 돌며
유목민처럼 살아왔네
정든 마을 떠날 때는
가는 길 뒤돌아보고
아쉬운 눈물 뿌렸어도
낯선 곳도 서너 해 살다보면
소록소록 정들어
지난 시절 잊어지지만
언제 다시 길 떠날지 몰라
창밖 눈에 익은 풍경
사진처럼 남겨두고 싶어
한참이고 물끄러미 바라본다.

콩콩이

남녘의 꽃소식
감미로운 봄바람처럼
살며시 찾아와서
손 뻗어도 닿지 않던
간절한 소원 이루게 해준
가브리엘 천사 같은 콩콩이

터널 지나면 햇살 비추는
환한 세상 맞이하듯
겹겹이 둘러싼 장막 걷어
화사한 정원으로 인도해준
북극성 같은 콩콩이

참된 삶 살아가는
아빠 모습 쏙 닮고
착한 삶 살아가는
엄마 모습 그대로 닮아
온 세상 밝히는
등불 같은 콩콩이 어라!

아스팔트 길

윤기 흐르는 검정 슈트에
심플한 흰색, 노란색 디자인
줄무늬 셔츠 받쳐 입은
멋쟁이 아스팔트 길
시시때때 찾아오는
자동차 손님 맞으며
연중무휴 영업하네

지난봄
새신랑 같던 아스팔트 길
난폭운전에 생채기 나고
호우로 포트 홀 생겨
중년의 모습이네

짓눌림 벗어나고파도
고객들 모습 아른거려
지친 몸 추스르고
축축한 밤비 내리는 길
우산 없이 묵묵히 지키네.

아이 모습

번뇌에 짓눌린 어른
근심 그칠 날 없고
평온이 깃든 아이
걱정스런 날 없네

물욕에 사로잡힌 어른
초췌해 보이고
청명淸明한 하늘 닮은 아이
활력 넘치네

허상虛想 붙들고 앉은
어른이여!
무위無爲의 도
먼 곳에 있지 않고
놀이 몰입한 아이 모습임을
어찌 알지 못하는가.

갈등

새해 벽두劈頭 수소탄 실험
새끼줄 꼬인 남북관계
벌집 건드린 듯하니
한기寒氣 사방에 엄습하네

똬리 틀고 앉은 온갖 갈등
형형색색形形色色 깃발 들고
거리로 쏟아져 나와
온통 붉은 신호등 깜박이네

중병重病 든 갈등 치유治癒
처방전處方箋 산을 이루어도
특효약 구할 수 없어
안개 짙은 앞날 바라보는
소시민의 한숨
분노로 변해가네.

거울 속 내 모습

거울 속
흰 눈 맞고 서 있는
주름진 얼굴

내 모습 같지 않아
고개 돌려봐도
빈 벽만 다가서네

먹물 적신 머리카락
홍조 띤 탱탱한 얼굴
세월이 앗아가고
번데기만 남았네

세월아!
육신은 네가 가져도
마음만은 청춘으로 남겨다오.

별들의 동안거

단풍 정장 차려입은
남촌의 천연 양탄자
별들의 군무[群舞] 펼쳐지고
노랑 모자 물결 넘실거린다

허공 가르는
연이은 공 팔매질
놀란 까치 숨을 곳 찾고
숨죽인 홀 향한 긴장감
파문[波紋] 일으킨다

별들의 동안거[冬安居] 자리
박차고 일어나
남촌 산문[山門] 나서니
흰 수염 흩날리는 해
서산에 걸려있다.

추락

속마음 책갈피 묻어두고
무표정 가면假面 쓴
자라목 소시민
밤바다 떠도는 난파선 올라
도화桃花 길 고향 찾아간다

연초록 깃발 휘날리는
오아시스 꿈꾸며
궂은일 가리지 않았어도
납덩이 등짐
내려놓지 못한 소시민
눈언저리 석양빛 물든다

과녁 벗어난 화살
떨어질 곳 알 수 없으니
맞바람 온몸으로 맞서며
빙판길 걸어가는 소시민
등판에 구슬땀 맺힌다.

태로각 협곡

대리석 강건한 몸에 엷은 흙 옷 걸친 하늘 닿은 고봉[高峯] 성처럼 에워싼 화련의 태루각 협곡 벼랑길을 곡예하듯 달리는 버스 차창 너머로 잊힌 신화 속 고대도시 하얀 속살 드러내네 꽃다운 청년들 영혼 깃든 정과 망치로 뚫은 터널 아슬아슬 지나니 조국 잃은 통한[痛恨]의 울부짖음 징소리처럼 울려와 가슴 한 모퉁이 무너져 내리네 산 그림자 지는 대협곡 하얀 대리석 바닥의 개울물 소리 청아[淸雅]하게 들리고 길 떠난 제비떼 제집으로 금방이라도 날아올 것 같아 넋 나간 듯 끝없는 협곡 바라보다 버스 경적소리에 정신 차리고 아쉬운 발걸음 옮긴다.

나무

나무는

광풍狂風에 흔들려
서너 가지 골절상 입어도
푸른 자태 늠름하게
그 자리 지키고

삭풍 불어 잎새 떨구고
헐벗은 장승張承 되어도
인고忍苦의 아픔
속으로 삭이며

갖은 시련 줄이어도
날밤 새워 걱정 않고
햇살에 온기溫氣 품고
비바람에 인내 키워
그 모습 한결같다.

절제

모시적삼 차려입고
사군자 치는
선비의 붓끝

색한삼色汗衫 뿌리며
화관무 추는
무원舞員의 외씨버선코

초록 한복 소맷자락 걷고
수라상 차리는
최고상궁의 손끝

드러난 듯
숨은 듯
절제 깃들어있네.

흔적

역사의 퇴적층 하단下端
짓눌린 흔적들
쇠사슬 끊고 탈출하니
반구대 암각화 속 산짐승
이 골짝 저 골짝 내달리고
천마총 장니障泥 속 천마
하늘로 솟구쳐 오르네

빛바랜 사진 속
묻혀있던 흔적들
먼지 털고 일어나
성큼성큼 다가오니
초가집 굴뚝
저녁연기 피어오르고
마을 어귀 양지陽地
얼룩소 한가로이 풀 뜯고 있네

폭우에 휩쓸려 떠내려간
찾을 수 없는 흔적들
강바닥 나직이 엎드렸다
물안개 타고 피어오르니
까까머리 중학생
학교 가는 십 리 돌길
한걸음에 달려가네.

부럽지 않네

곤룡포 위엄 넘치나
캐주얼만큼 편안하지 않고
십이 첩 밥상 그득하나
입맛 맞춰 먹을 수 없고
강녕전 웅장하나
아파트 비해 불편하니
왕의 생활 부럽지 않네

베틀처럼 짜인 일과
한시도 벗어나기 어려워
매화꽃 핀 정원
먼발치로 바라볼 뿐
운동 한번 못하니
어의의 지극정성 물거품 되고
사십 고개 넘기기도 힘드니
왕의 생애 부럽지 않네

궁궐 속에 갇힌
마실 못가는 왕의 삶보다
초야에 묻혀
발길 가는 대로 살아가는
촌부의 삶이 더 좋아라.

침묵

바라는 마음 전하지 않고

야속한 느낌 나타내지 않고

애틋한 기분 내색하지 않고

빈방 홀로 앉아

침묵의 블랙홀 빠져드니

숱한 감정들 먼지 되어 흩어진

어스름 저편

포승줄 풀려 편안한 모습

덩그러니 서 있네.

사고의 전환

관계의 거미줄 감겨
사고[思考]의 감방
벗어나지 못하니
마음 한 자락
철퇴 매달려있네

꼬인 실타래
만질수록 더 헝클어지니
온기 사그라진 가슴속
고드름 맺히네

이끼 낀 벼랑
오를 수 없다면
돌아가는 길 찾아보듯
번뇌의 쇠사슬
끊을 수 없으니
사고의 틀 바꾸어보리.

크루즈에서

뵈이야 빙하의 푸른 물
발트해로 흘러드는
크루즈 선상[船上]에서
바이킹의 항해 떠올려본다

용머리의 토해내는 불덩이
돛줄 부둥켜안은
선원들 절규 모습
환영[幻影]처럼 다가왔다
붉은 해 속으로 사라진다

풍랑에 섞인 갈매기 울음소리
수장[水葬]당한 바사호 죄수들
위로하는 듯 구슬퍼
고향 그리운 여행객
눈시울 붉힌다.

어쩌다 한 번씩은

도심 걷는 것보다
곰목길 걷는 것이
정겨워라

랩 음악 듣는 것보다
포크송 듣는 것이
평온하여라

카페 커피 마시는 것보다
다방 커피 마시는 것이
구수하여라

변화하는 세상 맞춰 사느라
잊고 지내지만
어쩌다 한 번씩 지난 시절 그리워
앨범 펼쳐놓고 회상에 잠기노라.

두물머리

남한강과 북한강 서로 만나
남북회담 갖는 두물머리
물안개 피어올라
렌즈 앞에 웅크린
사진작가 머리 위로
낙수되어 떨어진다

강가의 느티나무
두물머리 파수꾼인 양
두 눈 부릅뜨고 강물 흐름 살피다
못이기는 척 사진 배경 되어준다

목재 실은 배들 줄 잇던 강물
나룻배 한 척 떠있지 않고
한가롭게 날갯짓하다
간간이 울어대는 새소리만
공허한 하늘 위로 퍼져 가구나.

오디오

나만의 호사好事
소매 속에서 누리고자
홀로 참선하는 선승禪僧인 양
세속의 소리에 문을 닫는다

아내의 투정 흘려듣고
어렵사리 장만한
이십년 지기知己 중고 오디오
영국 신사의 기품
빛바래지 않았다

머릿속 잡념 빗질하고
음악여행 떠나니
잿빛 가슴 아지랑이 피어오르고
속세 벗어난 학
무릉도원武陵桃源 날아간다.

시화호 수변공원

갯내음 품은 시화호 해풍
온몸으로 막아내며
양반의 꼿꼿함 잃지 않는
십리 갈대밭 길
해당화 꽃 고개 내밀다
님본듯 숨어버리고

썰물로 바닥보인 강변
백로, 왜가리, 오리
떼지어 날았다 앉으며
물 빠진 갯벌 거닐다
해산물 만찬 즐기네

밀물 거슬러온 숭어 떼
한껏 살 올라
강물 위로 날아오르면
강둑에 빈손으로 앉아
그 모습 바라보는 강태공
한숨만 내쉬는구나.

장독대

예전의 장독대
햇살 좋은 안마당 자리
대가족 이루었으나
지금의 장독대
베란다 한구석
독거노인 되었네

예전의 장독대
적자嫡子처럼 사랑받고
잦은 손길로 윤기 흘렀으나
지금의 장독대
서자庶子처럼 괄시받고
뜸한 손길로 먼지 앉았네

지금의 장독대
예전만큼 대접받지 못해도
장맛 지키는 사명 위해
한시도 심호흡 멈추지 않네.

야속한 봄비

창밖의 만개한 벚꽃
제 모습 뽐낸 게 엊그젠데
옷깃 적신 봄비 무게 못 견뎌
꽃잎 떠나보내니
고귀한 귀부인 간데없고
여염집 중년부인 남았네

봄비야!
어찌 그리도 야속하니
웃음 잃은 사람들
벚꽃 향기 취해서
잠시나마 근심 잃도록
지켜봐 주지 않고

봄비에 젖어
초라해진 벚나무 바라보니
그 모습 나 닮은 것 같아
열었던 커튼 다시 닫는다.

아내와 산행

아내와 같이 주말마다 오르는
이 산 저 산 정다운 벗 되어
고향 떠나 사는 외로움 달래준다

이 산 오르면
고향의 정든 추억 저만큼 멀어지고
저 산 오르면
그리운 이들 모습 뒷걸음쳐 사라진다

낯선 이곳도 가족 있기에
또 다른 즐거움 있지만
가슴 깊이 절여있는 고향 채취
한 줄기 연기처럼 사라지겠소

눈 내린 청계산
아내와 손잡고
몇 해고 오르다 보면
벼랑에 기댄 소나무
귀에 익지 않은 억양도
정답게 여겨지리다.

휴대폰

은가루 뿌려놓은 호숫가
언덕배기 카페
창가 마주 앉은 중년부부
정담情談 나누네

연신 울리는 카톡
대화 허리 자르니
식어버린 차만큼
감정의 교감交感 멀어져
창 너머 시선 돌리네

업무상 자리 끝낸 듯
카페 문 나서
집 향하는 차 안에도
간간이 울려대는
잠들지 않는 휴대폰.

정해진 길

시공時空의 장벽 무너져
날개 단 상념想念
이 골 저 골 기웃되다
두견 운 풀숲 찾아
멍울진 가슴 쓸어주니
발길 뜸한 샛길 접어들어
갈 곳 몰라 헤매던 길손
바람 거슬러 날린 연
바람결 따라 날아가듯 하네
욕망의 항아리 부둥켜안고
가슴앓이 한 날들
대로大路가는 징검다리 되니
지난 상념 곱씹어
괜한 생채기 만들지 말고
운명의 굴레 지워진
정해진 길 걸어가리.

개나리꽃

굼벵이 가로수 더딘 봄단장
더 이상 지켜보지 못한
언덕배기 개나리 가족
노랑풍선 연이어 터트리니

미세먼지 무서워
차창 닫은 사람들
개나리꽃 손짓에
무심코 차창 내려
환한 미소 짓고

일상에 저당 잡혀
외투 벗지 못한 샐러리맨
개나리꽃 자태에 부끄러워
장롱 속 봄옷 꺼내 입어
산뜻한 모습

개나리꽃 만발한 대로변
잿빛 흔적 씻겨가고
노랑 깃발 펄럭이는
생동의 무도회장.

원초적 힘

산모의 출산 진통 뼈를 깎는 아픔 있음에 누구든 공감해도 태반[胎盤] 속 보금자리 잃고 급류에 휩쓸리며 생사[生死]의 기로[岐路] 넘나든 태아[胎兒]의 참담한 고통 누구든지 알지 못하네 신생아 고고지성[呱呱之聲] 그냥 울음소리 아니고 질곡[桎梏]의 여정[旅程] 힘겹게 거쳐와 목청 높여 부르는 개선[凱旋]의 트럼펫 소리라네 신밧드의 모험 같은 탄생과정 바람처럼 지나가지 않고 무의식의 블랙박스에 고스란히 남았다 삶의 굽이굽이마다 되살아나 절망의 늪 벗어나게 하는 원초적 힘 된다네 전쟁터의 포화[砲火] 속에서도 차마고도[茶馬古道]의 척박한 자연환경에서도 삶의 희망 포기하지 않는 질긴 생존욕구 뿌리 찾아보면 탄생의 고통이라네 살다보면 겪는 온갖 고난 견디기 힘들어도 사경[死境] 헤맨 태아의 고통에 견줄 바 못되니 진흙 속에 연꽃 피우는 인고[忍苦]의 과정 마다할 수 없네.

출근길

여명黎明의 기지개
적막 깨뜨리면
새벽 여는 종종걸음
말발굽 소리로 변해간다

초침이 시침되는
출근길 지하철역
짐짝 승객 나르는
화물열차 내뿜는
가쁜 숨 가득하다

양은 냄비 속
끓는 물 출근 시간
휩쓸고 지나간
발길 뜸한 거리
우수수 은행잎 떨어진다.

행남 등대 둘레길

태고의 자취 어린 벽화
줄지어 그려진 해식애海蝕崖
성城처럼 둘러싸있고
수만리 달려온 파도
허연 거품 뿜어내는
행남 등대 둘레길
거센 해풍 몰아치니
갈매기 날갯짓 접고
수중동굴 찾아드네
둘레길 간이카페 앉아
바라본 시리도록 푸른 바다
수평선 맞닿은 곳에
돌고래 무리지어
유영遊泳해가네.

비 젖은 마음

비 적신 단풍나무
바라보며
마시는 차 한 잔
칡넝쿨 머릿속
매듭 풀어준다

늘 제자리 지키는
단풍나무 친구 같음은
마음속 풍랑 잠들었음이라

단풍나무 그 자리 있고
창밖 보는 내 모습
변한 것 없어도
비 젖은 마음
그대로가 아니다.

쓰레기 자리

탐욕貪慾이 빚어낸
마음속 쓰레기 자리
놋그릇 닦듯
쌓인 녹 정성들여 닦아내면
자비慈悲 찾아든다

애욕愛慾이 빚어낸
마음속 쓰레기 자리
빗자루로 마당 쓸듯
쌓인 낙엽 부지런히 쓸어내면
진여眞如 머문다

무명無明이 빚어낸
마음속 쓰레기 자리
먼지떨이 하듯
쌓인 먼지 말끔히 털어내면
반야般若 깃든다.

이름 없는 병사

갈갈이 찢겨진 깃발
모질게도 펄럭이더니
기어이 안개비를 부른다

철쭉꽃 흐드러진 바래봉 능선
헌신짝처럼 묻힌
묘비 없는 녹슨 철모들
세월의 무게 짓눌려
산짐승 울음소리 낸다

어렴풋이 안개비 속으로
너덜너덜한 군화 신은
앙상한 병사들 행군 모습
보일듯하다
신기루처럼 사라진다

고향도, 나이도, 군번도 잊혀진
이름 없는 병사들
해마다 찾아와 불러주는
두견의 구슬픈 조가弔歌 듣고,
핏빛 철쭉 조화弔花 보며
돌보지 않는 넋을 달랜다.

등불이라도

짙은 어둠 속 동굴
두려운 것은
내딛는 걸음 힘들어서 보다
끝 모를 어둠 언제 끝날지
알 수 없기 때문이다

짙은 밤안개 길
고달픈 것은
습기 폐부로 스며들어서 보다
지금 걷는 길 바른 길인지
확신할 수 없기 때문이다

짙은 수령에 빠진 이들
실망하는 것은
고통스런 날들 지속되어서 보다
희미한 등불 언제 꺼질지
가름할 수 없기 때문이다.

탐욕

종자鍾子 그릇
깨단지 못하고
장독 탐욕 채우려니
아귀다툼 그칠 날 없어
걸신乞神 든 마음속 항아리
먹구름만 가득 담겼네

양귀비꽃 자태에
넋 나간 탐욕
질곡桎梏의 늪
헤어나지 못하니
비둘기 산 넘어 날아가네

마음속 안식安息
갉아먹는 송충이 탐욕
훌훌 털어버리려
청산이나 찾아볼까.

원래 그러한 대로

이 골목 저 골목 다녀봐도
원래 다니던 골목이
가장 정겹게 느껴지고

이 짓 저 짓 다해봐도
원래 하던 짓이
가장 편안하게 여겨지네

이 느낌 저 느낌 느껴봐도
원래 품은 느낌이
가장 포근하게 안겨오고

바람결에 흔들리며
이 마음 저 마음 품어봐도
원래 지닌 마음이
가장 평온하게 다가오네.

홀로서기

촘촘한 그물망 인연
벗어나고파
날갯짓 쉼 없어도
맷돌 돌 듯 제자리 맴도네

발목 붙든 끈끈이 인연
끊어놓고파
도마뱀 꼬리 자르듯 하여도
소용돌이 휘말려
빠져나올 수 없네

벼랑에 선 노송[老松]
위태로워 보여도
푸른 자태 고고[孤高]하니
인연의 갑옷 벗어
아랫목에 접어두고
무명 적삼 갈아입고
홀가분하게 길떠나볼까.

기다림

머릿속 실타래 꼬이듯
실마리 찾을 수 없으니
하루해 등 굽은 노인
지팡이 짚고 걷는 듯

바라는 일 손쉽게
이루어지는 것 없어
숯덩이 가슴 되어도
안개 짙은 기다림의 줄
서지 않을 수 없어라

오늘보다 나은 내일
정화수[井華水] 떠놓고 빌어도
오늘보다 못한 어제
회귀[回歸]하는 듯하니
은신할 곳 없는 벌판
된바람 불어와
한 가닥 기다림의 연줄
끊어지지 않을지.

단풍놀이 행차

산들바람 빗질한
연청색 하늘 맑은 날
단풍놀이 나선 가을

평교자平交子 타고
백두대간 내려오다
금강산 옥류동 들러
동동주 한 사발로 목축이고
옥수玉水에 발 담그네

어디서 대금 소리 들려와
고개 들어보니
마의태자 비로봉에
가부좌 틀고 앉아있네

벗하여
천년 신라 흥망성쇠興亡盛衰 담론하며
한 열흘 머물고 싶어도
남녘 길 재촉하는 소슬바람
성화成火 못 이겨 가마 오르네.

아카시아

온 마을 민둥산마다
강인한 생명의 뿌리내려
황갈색 산비탈
푸르름으로 물들게 한 아카시아
오월이면 운무처럼 꽃피워
은은한 향기 퍼져
벌들 불러 모으고
윙윙거리는 날갯짓 소리
끊이지 않더니
아무도 돌보지 않는
천민 신세 되어
아카시아 설 자리
산모롱이 언덕배기로 내몰리고
길 잃은 벌들이나 찾아오지만
올해도 오월 농익히는
아카시아 꽃 흐드러지구나.

진정한 아픔

말할 수 있는 아픔
아픔이라 할 수 없다
진정한 아픔 말할 수 없는 것이오

참을 수 있는 아픔
아픔이라 할 수 없다
진정한 아픔 참을 수 없는 것이오

치료할 수 있는 아픔
아픔이라 할 수 없다
진정한 아픔 치료할 수 없는 것이오

지울 수 있는 아픔 자국
진정한 아픔 아니며
지울 수 없는 아픔 자국
진정한 아픔이어다.

풍년의 기대감

농부는 흉년들어
한 해 농사 망쳤다고
손에 익은 농기구
팽개치지 않는다

농부는 식량 떨어져
칡뿌리로 연명해도
내년 봄 파종할 종자
손닿지 않는 광속에
꼭꼭 숨겨둔다

농부는 풍년의 기원
번번이 비껴가도
하늘 원망하지 않고
새봄 오면
어김없이 파종한다.

쉼이 없는 세대

거머리 가난 떨치고 싶어
하늘 보이지 않는 밀림,
열사熱砂의 땅에서
고향 가족 그리워하며
젊음 불사른 세대

IMF의 광풍에 휘말려
개미처럼 모아온 재산
한순간에 잃고서도
절망에 무릎 굶지 않고
다시 일어선 세대

이제는 풍요의 땅에서
영화榮華 누릴 세대지만
먼동 트는 인력시장
모닥불 언저리 서성이는
주름진 얼굴 넘쳐나니
쉼이란 아직도 사치인가 보다.

한파

군불 지핀 아랫목 지글지글 끓어도 문풍지 사이로 황소바람 스며드니 이마 위 코끝 찡한 바람 연신 불어와 이불 둘러쓰고 두더지 잠 청하네.

아침밥 짓는 메케한 생솔 향기 방안 가득하여 주섬주섬 옷 챙겨 입고 문고리 당기니 쩍쩍 손 달라붙네

툇마루 내려서 바라본 앞마당 밤새 내린 눈 소복이 쌓여 있고 장독대 항아리 얼어 갈라져 있네

외양간 소 큰 눈 껌벅이며 서있는데 주둥이 하얀 고드름 맺혀 있네

라디오 켜니 꽁꽁 언 한강에 얼음 낚시하는 강태공들 웅크린 모습 전해지고 남대문 시장 상인들 모닥불 피워놓고 옹기종기 모여앉아 시린 손 녹이는 정경 생생하게 들려오네

동네 친구들 모여 십리길 저수지 찾아 무거운 돌 던져 꽁꽁 언 얼음 금간 곳 없나 살펴보고 신나게 썰매 타네

시린 손 불 피워 녹이고 젖은 양말 말리다 한 귀퉁이 태우기도 하네

화롯불 피워 놓고 온 가족 둘러앉아 군고구마에 동치미 곁들여 먹으며 도란도란 얘기꽃 피워도 어머니는 구멍 난 양말 이리저리 오려서 기우느라 여념이 없으시네
요즈음 겨울 어릴 적 겨울에 비하면 봄 같은 날씨인데 일기예보 한파 몰아친다고 법석 떠니 아마도 날씨 추워서 보다 뿔뿔이 흩어져 살아가는 가족들 가슴속 살가운 정 사라지고 한파 끊이지 않음에 있으리.